Gerd Birk

Li kann das Mikro nicht vertragen

Gerd Birk

Li kann das Mikro nicht vertragen

Rundfunkansprachen

Fromm Verlag

Imprint
Any brand names and product names mentioned in this book are subject to trademark, brand or patent protection and are trademarks or registered trademarks of their respective holders. The use of brand names, product names, common names, trade names, product descriptions etc. even without a particular marking in this work is in no way to be construed to mean that such names may be regarded as unrestricted in respect of trademark and brand protection legislation and could thus be used by anyone.

Cover image: www.ingimage.com

Publisher:
Fromm Verlag
is a trademark of
Dodo Books Indian Ocean Ltd. and OmniScriptum S.R.L publishing group

120 High Road, East Finchley, London, N2 9ED, United Kingdom
Str. Armeneasca 28/1, office 1, Chisinau MD-2012, Republic of Moldova, Europe
Managing Directors: Ieva Konstantinova, Victoria Ursu
info@omniscriptum.com

Printed at: see last page
ISBN: 978-613-8-35153-5

Gerd Birk

Li kann das Mikro nicht vertragen
Rundfunkansprachen

Verlagsdaten

Brigitte Cabell: Ruheplatz an der Quelle

Sie hatten ein Podium aufgebaut mit Mikrofon und Blumen. Eine 80jährige Cembalistin erhielt den Ehrenpreis der Stadt.

Der Festredner erhob sich von seinem Platz und wandte sich den etwa 200 Gästen zu: „Selbst wenn Sie mich nicht verstehen, bitte ich um Verständnis, wenn ich das Mikrofon nicht benütze. Unsere gute Li - das war ihr Name unter Freunden - kann die Lautsprecher nicht vertragen." Aber alle haben ihn verstanden, weil sie hinhörten. Die Frau lebte den Tönen und Klängen. Sie hat gehört ein Leben lang, hellwach, einfühlsam. Sie war bemüht, die Botschaft vibrierender Luftströme und schwingender Saiten zu erfassen. Sie hat die Töne ihres Instruments einschwingen lassen in die Klänge anderer Instrumente, hat mit ihnen Klangkörper gebildet. Sie hat sich selbst einschwingen lassen.

Wieviel mehr kann mitschwingen im gesprochenen Wort. Welcher Wachheit und welchen Wohlwollens bedarf es, die Botschaft zu vernehmen, die im gesprochenen Wort mitschwingt.

Der Lautsprecher macht die Töne laut, aber er nimmt ihnen dafür die Echtheit. Manche Schwingungen kappt er, andere macht er übertrieben stark. Die Tonmaschine passt das Gesprochene einem Durchschnittgehör an. Sie liebdienert dem gewohnten Hören, fordert das Hören nicht mehr zu Wachheit und Entgegenkommen heraus.

Der Lautsprecher kann das Wesentliche, das mitschwingt, unhörbar machen und uns die Hörfähigkeit in Ohr und Herz verkümmern lassen.

Zum Hören ohne Mikrofon laden die kurzen Texte ein. Der Bayerische Rundfunk hat sie in seinen religiösen Programmen gesendet zur Nachdenklichkeit nach der Unrast des Tages, zum tieferen Verstehen der Festtage, die den Jahreskreislauf lebenswert machen, vielleicht auch zur Pflege unserer Gesprächskultur der leisen Töne. Als geschriebene Worte können sie durch die Augen Einlass finden und weitere „Worte ohne Mikrofon" zeugen.

flüstern

Sanft verschenkt sich ein Brunnen in den Abend über bemooste Steinstufen. Tausende von Tropfen seilen sich an flauschigen Pflanzenzotten ab. Die letzten Zentimeter springen sie auf die nächste Stufe. Der leise Aufprall erzeugt ein flüsterndes Geräusch.

Am Rande sitzt ein Pärchen, gegeneinander gelehnt. Ihre Stirnen berühren sich zuweilen, manchmal suchen sich kurz ihre Lippen. Ihr Sprechen verliert sich im Tropfen des Brunnens. Sie flüstern. Sie haben sich Wichtiges mitzuteilen: Herzensangelegenheiten.

Was tief im Innern vorgeht und zum ersten Mal heraustritt in der Begegnung mit einem Menschen, was noch nie ausgesprochen wurde, das sucht behutsam nach Worten. Sprache des Herzens ist Flüstersprache. Im Flüstern lässt sich ausloten, wie nahe mir der ist, an den ich mich wende. Wenn er das Flüstern nicht hört, ist er zu weit weg mit seiner Aufmerksamkeit, seinen Gedanken, seinem Verstehen. Das Herz schweigt. Die Stimme nimmt wieder Alltagssicherheit an und plaudert über Schallplatten, Kleider, Ferien.

Herzensangelegenheiten erschrecken vor dem Lärm. Sie trauen sich erst heraus vor einem sanft sich verschenkenden, flüsternden Brunnen. Es muss still sein wie in der Kirche, wie beim Gebet. Da kann das Innere ganz aufmachen und ungeschützt sagen, wie es ist: alles, auch was der Verstand vielleicht als töricht belächelt oder verbietet. Da kann Verschwiegenes seine Stimme erheben.

In der deutschen Sprache haben die Worte stumm und Stimme eine gemeinsame Wurzel.

entdecken

Wenn Erstklässler in der Schule lesen lernen, dann geht das nicht so, dass die Lehrerin ins Klassenbuch schreibt: „Ab heute können alle lesen." Die Lesefähigkeit stellt sich unterschiedlich ein, auch wenn alle äußeren Voraussetzungen erfüllt sind. Manche Kinder können es etwas früher, manche bringen es erst etwas später fertig, aus einer Buchstabenreihe ein Wort oder einen kurzen Satz herauszulesen. Manchmal gibt es Tränen, wenn trotz größter Anstrengung ohne Hilfe der Sinn noch nicht gefunden wird. Und entsprechend groß sind Freude und Erleichterung, wenn es dann doch endlich klappt. Es ist aufregend zu beobachten, wie ein Kind sich von seiner Leseunfähigkeit befreit, vergleichbar einem Küken, das sich mit seiner Eierschale abmüht, um sie aufzubrechen und abzuwerfen.

Die Buchstaben sind alle bekannt, aber sie ordnen sich noch nicht zu einem Sinn. Wie dem Lesen kann es auch dem Lieben ergehen. Da wird ein Mensch umgeben von vielerlei Zeichen und Hinweisen, Gesten und Worten, die signalisieren: Ich liebe dich. Aber der Gemeinte versteht sie nicht. Er nimmt sie, wie er sie immer nahm. Er erkennt nicht, dass sie sich zu neuem Sinn verdichtet haben. Eine verbale Liebeserklärung hilft da nicht viel und dem Werbenden will sie auch nicht über die Lippen - später ja, das wird's gehen. Liebe will nicht zur Kenntnis genommen werden, sondern entdeckt sein wie der Sinn in den Buchstaben.

So ist es auch mit dem Glauben. Das Leben ist voller Hinweise auf eine Wirklichkeit, die uns umgibt, die tiefer ist als unsere plausiblen Erklärungen. Glauben lernt man nicht durch Eintrichtern, sondern durch aufmerksames Wahrnehmen der vieldeutigen, fragwürdigen Zeichen, die uns umgeben. Glauben ist die Aufforderung, die Eierschalen unserer Begrenztheit abzustoßen. Das ist mühsam, aber befreiend. Man kann freilich leben, ohne zu lesen, aber welch weite Welt bleibt einem da versperrt.

friedliches Dynamit

Auf der Wanderung blieben wir vor einem Baum mitten auf einer Wiese stehen. Mächtig und ebenmäßig holten seine Äste aus.

Einer sagte: „Wenn man sein Wachsen gefilmt hätte und nun im Zeitraffer in ein paar Minuten abspielte, sähe man einen kleinen friedlichen Atompilz."

Da ist eine Sprengkraft, ein Dynamit, das den Baum hervorgebracht hat. Sie hat sich unwiderstehlich durchgesetzt gegen Trockenheit und Kälte, gegen Sturm und Gestein. Es ist ein Dynamit auf Zeit, das nicht zerstört, nicht gewaltsam vorgeht, sondern wachsen lässt.

Dieses Dynamit steckt auch in Ideen und Wünschen: Wenn ich beruflich eine Idee verwirklichen möchte, wenn ich gute Beziehungen aufbauen möchte, wenn sich gesellschaftliche Verhältnisse ändern sollten. Es geht anscheinend nichts weiter. Manchmal kann ich aber beim Rückblick über einen längeren Zeitraum feststellen, dass doch unmerklich etwas gewachsen ist.

Besonders berührt es mich, wenn ich lese oder höre oder gar unmittelbar erfahre, wie ein offensichtlich hoffnungsloser Fall, ein schwieriger Mensch, ein Stück weitergekommen ist, weil ein anderer ihn mit unendlicher Geduld begleitet hat.

Hinter jedem von uns steht eine unwiderstehliche, friedliche Sprengkraft von unendlichem Zeitmaß, die will, dass ich weiterkomme, durch alle schlimmen Erfahrungen hindurch, zu dem, was für mich gut ist.

selbstvergessen

Um Traurigkeit oder Wut loszuwerden, helfen ausgedehnte Bergwanderungen. Stundenlanges regelmäßiges Stapfen macht müde, löst mir die Verbitterung und manchmal auch die Tränen.

Einmal hat's mich besonders erwischt. Es war später Nachmittag, ich war ganz kaputt, der Proviant aufgezehrt. Laut Wanderkarte war ich total falsch gegangen. Mindestens zwei Stunden Marsch verlangte die Kurskorrektur von den schmerzenden Füßen.

Resignation kam über mich, ein Gefühl der Sinnlosigkeit. Ich streckte mich auf dem Waldboden aus, das Gesicht nach unten, die Stirn auf dem angewinkelten Arm. Tränen kamen.

Plötzlich war der Tränenvorhang voll von leuchtendem Weiß. Ich wischte die Feuchtigkeit aus den Augen. Da war vor mir eine winzig kleine Blüte. Die Tränen hatten sie wie ein Mikroskop vergrößert. Die Blüte gehörte zu einem feinen Moos.

Das Blümchen strahlte mich so freundlich an, dass ein Gespräch begann: „Was hast du davon, dass du hier blühst? Von dir hat doch wohl noch niemand Notiz genommen. Wie schön du bist. Du bist einfach da und blühst. Du fragst nicht nach Eindruck, Erfolg, Sinn." Und ich bemerkte einen ganzen Teppich solch unscheinbarer Sterne um mich herum.

Warum immer nach Anerkennung und Leistung fragen? Es hat doch einen Sinn, einfach dazusein. Und was ist stärker, als jemanden selbstvergessen anzustrahlen?

Fluss und Weg

Da ist ein Fluss und ein Weg. Irgendwie gehören sie zusammen. Das Tal gibt ihnen die große Linie vor. Manchmal kommen sie nahe aneinander, berühren sich. Manchmal laufen sie auseinander, so dass die gegenseitige Nähe nur noch geahnt werden kann.

Was sie zusammenhält, ist, dass es mit ihnen weitergeht. Der Weg, der stehen bleibt, ist tot, führt zu nichts. Der gestaute Fluss verschlingt das Land. Der Weg kann nicht im Fluss verlaufen. Er würde sich aufgeben. Obwohl mit dem Fluss gepaart, hat er seine unaufgebbare Eigenheit.

Wenn sich im Tal ein Bergrücken querlegt haben Fluss und Weg ihre je eigenen Möglichkeiten, mit dem Hindernis fertig zu werden. Der Fluss sucht nach einer Schlucht, durch die er sich zwängen und in die Tiefe stürzen kann. Der Weg schlängelt sich zur Höhe hinauf und auf der anderen Seite wieder hinunter. Sie sind getrennt für eine Weile. Sie müssen sich wiederfinden.

Dieses Paar lebt nicht alleine für sich. Ob sie es wollen oder nicht, sie stehen in Verantwortung für andere. Wo der Fluss geht, siedeln sich ungefragt Gewächse und Lebewesen an. Dem Weg vertrauen sich Menschen an in der Zuversicht, dass er sie weiterbringt. Weg und Fluss sind ein Paar, dem man stillschweigend zutraut, hinzuführen, wo es gut ist zu leben. Ob sich das Paar seiner Verantwortung bewusst ist, dass es nicht irgendwo stehen bleiben darf, dass Hindernisse zu überwinden sind? Haben sie sich Gedanken gemacht über die Stadt am Meer, wohin ihr Weitergehen führt?

Sag leise ja

Die Gestalten in Marc Chagalls Gemälden halten sich an keine Verkehrsregeln. Schwerkraft und Rangordnung sind aufgehoben. Verbotsschilder braucht's nicht. Man muss sich manchmal auf den Kopf stellen, im Denken und Empfingen wenigstens, um durch seine Bilder hindurchzufinden. Aber gerade das tut gut.

Seine Liebespaare sind von so zarter Ungeniertheit, dass man ahnt, was mit Paradies gemeint sein muss. Könnten die beiden nicht so zueinander sprechen:

<table>
<tr><td>

Ein ja
nicht knallhart
wie ein Bordstein
an unserem Weg

Nicht
weil ich will
dass du mein bist
sondern
weil ich nicht anders kann

</td><td>

Sag leise ja
wie sanfter Regen
der bis an die Wurzeln geht
und wachsen lässt
und Blüten bringt
und Früchte

Wie Gottes Wort
das nicht zu ihm
zurückkehrt
ohne vollbracht zu haben
wovon es Kunde gibt

</td></tr>
</table>

Das Paar, dem dieses Ja-Wort als Glückwunsch zum Hochzeitstag gewidmet war, hat sich leise bedankt.

Brigitte Cabell: Janus

Verrücktheit wahr-haftig

Wenn Kinder vor dem Fernseher sitzen, gespannt eine Sendung mitverfolgen und Angst oder Entsetzen miterleben, dann sind die elektronisch erzeugten Bilder für sie reale Wirklichkeit.

Der brave Löwe greift nur Feinde an, der pfiffige Affe warnt vor Gefahren. Die vom Elektronenstrahl erzeugten Bilder scheinen untrüglich. Die Fotografie gibt objektiv wieder. Allerdings müssen wir aus pädagogischer Verantwortung den Kindern diese Illusion nehmen.

Anders sind die Bilder, die vom Pinsel eines Künstlers gemalt sind. Für gewöhnlich stellen sie Menschen und Natur ganz anders dar, als es unsere Augen wahrnehmen. Die Bilder der Künstler sind so fremd, so anders, so verrückt. Man kann sich richtig darüber ärgern: Blaue Häuser, Menschen mit grünen Köpfen und zwei Gesichtern. Warum verfälschen sie denn die Dinge?

Tun sie das wirklich? Wollen sie uns mit ihren verrückten Darstellungen zum Narren halten? Ich habe noch nie eine Fotografie von einem Menschen gesehen, der gleichzeitig vorn und hinten ein Gesicht hat. Wohl aber habe ich schon oft erlebt, dass ein Mensch zwei Gesichter hat. Erst stimmt er mir freundschaftlich zu, dann dreht er sich um und verwendet das, was ich ihm anvertraut habe, gegen mich.

Der Künstler hat diese Erfahrung gemalt. In seinem Bild erinnert er mich oder bereitet mich auf eine Wirklichkeit vor, die mein Auge und der Fotoapparat nicht zu erfassen vermögen.

Etwas sichtbar machen, was an sich unsichtbar ist, ist unmöglich und verrückt. Diese unmöglichen und verrückten Bilder sind aber oft das Tor zum Wirklichen und Wahren. Von dieser Verrücktheit und scheinbaren Wirklichkeitsfremdheit lebt die religiöse Kunst. Sie versucht, etwas sichtbar zu machen, was nicht fotografiert und von unseren Augen nicht erfasst werden kann.

An manches freilich haben wir uns gewöhnt, sodass wir nicht einmal mehr das Verrückte und Widersprüchliche wahrnehmen. Das Kreuz z. B. ist eine Vorrichtung, an der Menschen grausam gequält werden. Weh dem Menschen, der damit zu tun bekommt. Er wird geschändet, gefoltert, zu Grunde gerichtet. Dieses Mordwerkzeug zu vergolden, mit Edelsteinen zu besetzen und zum Gegenstand der Verehrung zu machen, ist eine Verrücktheit.

Ich denke jetzt nicht so sehr an das Kreuz, das als kostbares Kunstwerk im Wohnzimmer hängt, sondern an den unterdrückten Schrei eines Menschen: „Es gibt über sieben Milliarden Menschen auf der Welt, aber niemand ist für mich da." Beim Versuch, das Kreuz tragen zu helfen, die Einsamkeit zu teilen, verbleicht schöner Glanz sehr bald. Der hässliche rohe Balken tritt zutage. Die Kostbarkeit, welche Gold und Edelsteine meinen, liegt tief im quälenden Holz, oder nein – vielmehr in dem, der daran haftet.

Ich bin Menschen begegnet, die auf dem Foto von Schmerz und Leid ausgezehrt erscheinen. Ich habe aber mehr gesehen. In ihren Augen und ihrem ganzen Gehaben schimmert eine Lebensgewissheit und ein Lebenswille durch, der sprachlos macht. Diese unbegreifliche Lebendigkeit nenne ich aus meinem Glauben heraus „Auferstehung". Auferstehung kann man erleben. Sie ist eine Wirklichkeit, die ein Mensch nicht von sich aus ergreifen kann, sondern die uns ergreift mitten in der Situation des Todes. Leben ist Geschenk.

Du darfst nicht aufgeben

„Vom Sinn des Leidens" wollten die Achtzehnjährigen einer Berufsschulklasse hören, vielleicht weil einer von ihnen versucht hatte, sich das Leben zu nehmen.

Eva war mit einer Probestunde für den Religionsunterricht dran. Sie erzählte von einem Buben, der häufig krank war, so oft, dass seine Knochen darunter litten. Wenn andere Kinder herumsprangen, bastelte er ferngesteuerte Schiffe und Flugzeuge - alleine. Ich bin anders, war seine bittere tägliche Lektion bis zum Rollstuhl.

Es kam das Abitur, der Führerschein, das eigene Auto. Alles sehr kompliziert und mühsam. Er begann das Physikstudium.

Durch sein Auto kam er mit einer Jugendgruppe in Kontakt. Ihre Bibelrunden fesselten ihn. Sie nahmen ihn mit zu einem dreimonatigen Kurs an der Bibelschule in Istanbul. Überall war er dabei.

Völlig verändert kam er nach Hause zurück. Er strahlte Glück und Lebenswillen aus. Er gründete selber jetzt Bibelrunden und begann zusätzlich mit dem Studium der Theologie. Dann, fernab von daheim, als die Mutter ihn beim Einkaufsbummel mit Rollstuhl durch das Kaufhaus schob, ist er ganz plötzlich gestorben, mit 23 Jahren.

„Er hat sein Leben gelebt, schwierig und kurz, aber erfüllt. Er hat andere damit angesteckt" sagte Eva. Sie dachte dabei an den unbekannten lebensmüden Burschen in der Klasse. „Es gibt Menschen, die helfen dir, zu deinem Leben zu finden. Du darfst nicht aufgeben, nach ihnen zu suchen."

Eva wusste es genau. Der im Rollstuhl war ihr Sohn gewesen.

… ohne ein einziges Wort

Marcel Marceau aus Paris war
ein Künstler besonderer Art.
Er erzählte in allen Sprachen
gleichzeitig
ohne ein einziges Wort.

Sein weiß angemaltes Gesicht,
die überbetont roten Lippen
und die Knopfaugen
verfügten über ein Repertoire an Zeichen,
mit dem sich kein Computerprogramm messen kann.
Hinzu kamen die großen Hände,
jede ein Lexikon für sich,
die Windungen des Körpers und
die Kapriolen der Beine und Füße.

Er erzählte von einem Mann, der Masken macht.
Einmal hat er sich ein immer lachendes Gesicht aufgesetzt.
Zuerst gefiel es ihm.
Dann wollte er es loshaben.
Es ging nicht.
Er quälte sich, es abzunehmen.
Die Leute lachten.
Er wurde seine Rolle nicht los,
wie im wirklichen Leben.

Dann war er Dompteur im Löwenkäfig.
Allein im Spiel seiner Miene spiegelte sich
der Triumph seiner Herrschaft
über die gefährlichen Raubkatzen,
das Entsetzen vor ihrer Wildheit,
wenn eine aus der Reihe tanzte,
das Werben und Drohen,
doch mitzuspielen.

Andeutungen feinster Art genügen,
um die Erinnerung beim Zuschauen zu wecken.
Die Erfahrung ergänzt, was gemeint ist.

Pantomime wäre die rechte Art,
von Gott zu sprechen.
Ihn fassen keine Worte.
Erfahrungen müssten angestoßen werden.

Wer nicht nach Erfahrungen mit Gott sucht,
ist wie einer,
der noch nie im Zirkus war,
der noch nie versucht hat,
seine Maske abzulegen.
Von den lustigen, traurigen, tragischen
Erzählungen Marcel Marceau's
würde er nichts mitbekommen.

Treue

Was will ein Lächeln sagen? Ist es eingefrorene Korrektheit, die sich ein Paragraphenmensch zwischen die Ohren gehängt hat? Ist es der Vorhang vor einem zerbrochenen Herzen? Ist es das Strahlen warmen Mitgefühls? Es gilt zu prüfen.

Ähnlich müssen wir die Worte, die wir miteinander wechseln, nehmen und wägen. Es kommt nicht auf das tatsächlich gesprochene Wort, auf den Satz im Protokoll an, sondern auf das, was der Betreffende sagen wollte. Der Zusammenhang, die Gesinnung des Sprechenden, die Atmosphäre, in der das Wort fällt, ist wichtig zum Verstehen. Die Worte schwarz auf weiß sind tot. Aus dem Zusammenhang gelöst werden sie taktisch verwendbar, können zu Waffen werden, die schlimme Verwüstungen anrichten. Die politische Leidenschaft in den öffentlichen Diskussionen lebt davon.

Ganz besonders schlimm wird es, wenn aufflackernde Leidenschaft von religiösen Überzeugungen genährt werden. Daraus wird leicht Fanatismus: rücksichtslos, unerbittlich, blind. An frommen Worten mangelt es da nicht. Gott und Wahrheit und Sünde und Gebote und Ordnung und Strafe kommen immer wieder vor.

„Der Buchstabe tötet, der Geist ist es, der lebendig macht." Der Mann, der das schreibt, der Apostel Paulus, weiß wovon er redet. Er hatte Gegner, die ihm misstrauisch nachgegangen sind, die glaubten, alles wieder richtig stellen zu müssen - so wie es früher war. Sie trugen Verunsicherung in den aufkeimenden Glauben der jungen Gemeinden. „Hunde" schimpft er sie einmal im Brief an eine seiner Lieblingsgemeinden.

Eine tiefe Tragik liegt in diesem Konflikt. Paulus selbst hat einmal zu diesen religiösen Saubermännern gehört. Fanatisch bis zur Gewalttätigkeit verteidigte er den überkommenen Glauben. Treu bis ins Kleinste. Bis in den Buchstaben hinein wollte er den Glauben der Väter leben und bewahren.

Er hat eine neue Erfahrung von Treue gemacht. Es gibt eine Treue, die loslassen kann, die sich nicht verkrampft in das, was bisher immer war, eine Treue, die sich anvertraut und mitgeht. Das Schlüsselerlebnis für ihn war seine Begegnung mit dem auferstandenen Jesus vor Damaskus. Alles Bisherige schien zerbrochen. Dafür wurde ihm die „Erkenntnis Christi" geschenkt, wie er es selber nennt. Paulus erfuhr, dass er ja gar nicht Verrat am Glauben der Väter geübt hatte. Die Wahrheit, nach der er immer gesucht hatte, das Heil, nach dem er sich sehnte, der Gott, dem er ergeben dienen wollte, gingen ihm neu auf, viel größer als das für seine durch Gesetz und Buchstaben vorgeprägte Vorstellungswelt möglich war. Es ging ihm auf, dass seine Buchstabentreue den Geist Gottes auslöschen kann.

Dieser Geist nimmt mit und führt tiefer in die Wahrheit ein, er bricht dem Lebendigen aus der Tiefe Bahn. Der Geist Gottes ist offenbar geworden in Jesus, der nicht kam, sich bedienen zu lassen, sondern zu dienen.

bergender Schatten

Menschen, die sich gut verstehen, geben der Regenbogenpresse keine Interviews darüber, wie sich ihre Liebe in guten und schlimmen Tagen bewährt hat. Aber das Zusammensein mit ihnen tut wohl. Ihre teilnahmsvolle Offenheit, der Friede, den sie ausstrahlen, sprechen von ihrem Glück.

Liebe verträgt die Schaustellung nicht. Sie bevorzugt den bergenden Schatten. An geschützten Stellen kann sie am besten ihre Kraft entfalten.

Die neutestamentliche Überlieferung hat am Ende ihrer Schriftwerdung einen wuchtigen Satz formuliert: Gott ist die Liebe. ER ist nicht auf der Bühne zu finden, sondern an geschützten Stellen; nicht im Patentrezept, sondern im teilnahmsvollen Zuhören; nicht im politischen Kraftakt, sondern im gewaltlosen Protest.

Die Liebe kann das Scheinwerferlicht nicht ertragen. Gott offenbart seine Macht im bergenden Schatten. Keine Zauberstückchen: die Steine bleiben Steine und werden nicht zu Brot. Kein Bravourstück: Der Sturz von der Tempelzinne unterbleibt. Keine Protzerei in Besitz und Macht: die Liebe ist nicht käuflich. Vom Boten dieser Liebe heißt es:

> Seht, das ist mein Knecht, den ich erwählt habe,
> mein Geliebter, an dem ich mein Gefallen gefunden habe…
> Er wird nicht zanken und nicht schreien
> und man wird seine Stimme nicht auf den Straßen hören.
> Das geknickte Rohr wird er nicht zerbrechen
> und den glimmenden Docht nicht auslöschen,
> bis er dem Recht zum Siege verholfen hat.

verlorene Zeit

Wolfgang zieht den Schlüssel von seiner Studentenbude ab. Heim geht's über die Feiertage. Den Reißverschluss des Anoraks zieht er bis zum Kinn. Es zieht empfindlich. Er ist auf dem Land zu Hause. Da liegt jetzt frischer Schnee. Er freut sich.

Wenn nur nicht die Verkehrsverbindungen so umständlich wären. Zweimal umsteigen, das ewige Warten und am Ende noch vier bis fünf Kilometer Fußmarsch. Erst kommen noch Häuser. Zum Glück sind die Gehsteige geräumt, so dass er gut vorankommt. Bald aber knirscht der Schnee unter seinen Schuhen. Er ist allein, es ist still. Manchmal muss er einem Auto ausweichen.

Die gute Laune ist dahin. Er schimpft still in sich hinein. Eigentlich könnte ich Sinnvolleres tun als fünfzig Minuten im Leerlauf dahinstapfen. Er steigert sich in seinen Frust hinein. Beim Versuch, sich abzulenken, kommt ihm die Idee, den Rosenkranz zu beten. Davon hat er zwar nie viel gehalten und er weiß auch nicht, wann er es zum letzten Mal getan hat. Ob er es noch kann? Sicherheitshalber oder unsicherheitshalber lässt er den Anfang weg und beginnt gleich mit dem ersten Gesätz. Er meditiert die Botschaft des Engels. Gegrüßet seist du Maria. Du wirst ein Kind bekommen mit besonderem Auftrag. Es soll geschehen, wie du sagst.

Das wiederholende Murmeln des Ave Maria pendelt sich bald zwischen Schritt und Atem ein. Wolfgang verliert das Gefühl für Zeit. Die Umgebung nimmt er kaum noch wahr. Den seltenen Autos lässt er freundlich die Vorfahrt. Ein Hund hinter einem Gartenzaun bellt ihn giftig an. Er sagt dem Tier ein paar beruhigende Worte. Dann findet er wieder in den Rhythmus des Gebetes.

Eine seltsame Freude und Zufriedenheit erfüllt ihn. Er fühlt sich leicht und getragen. Er möchte noch weitermachen, als er unter die Haustür seiner Eltern tritt. Eines ist ihm bewusst geworden: Wieviel kostbare Zeit geht verloren durch „nützliche" Tätigkeit. Das Nützliche ist oft nur vordergründig sinnvoll, manchmal lediglich verdeckter Leerlauf.

Wasser schöpfende Hände
Foto: Willi Schabmair

Griff ins Wasser

In den sechziger Jahren wurden die Bücher von Erich Däniken verschlungen. Er vertritt die Ansicht, in unvordenklichen Zeiten seien unbekannte Flugobjekte auf der Erde gelandet, hätten unseren Planeten zur Weltraumstation ausgebaut mit dem Ziel: „Lasst uns den Menschen machen nach unserem Bild und Gleichnis", wie es in der Bibel heißt. Die noch reichlich unterentwickelten Menschlein hätten diese Astronauten, die ihnen an Wissen und Technik unendlich überlegen waren, als Götter verehrt. Vieles, was sie damals gehört und mehr oder weniger verstanden hätten, sei als Offenbarungsgut in der Menschheit weiter überliefert worden. Schließlich schlummere in den Menschen verschwommen und unbewusst das Warten auf die Rückkehr dieser Götter.

Überall auf der Welt ist Däniken herumgereist, um Beweise für seinen Glauben zu sammeln. Die Gymnasiasten der Mittelstufe haben mir damals oft seine Schriften unter die Nase gehalten. Wo Däniken zur Bibel greift, war es mir leicht, seine Art des Argumentierens offenzulegen. Doch ließen die Schüler nicht locker. Ich habe dieses Knabbern an der Däniken-Theorie in Verbindung gebracht mit der immer wieder auftauchenden Frage: „Wenn es Gott gibt, dann muss er sich doch irgendwo zeigen, muss er doch irgendwo zu sehen und zu fassen sein."

Es liegt in unserer Natur, dass wir handfeste Gewissheiten haben möchten. Wir möchten gerne experimentell beweisen, dass es Gott gibt, bzw. nicht gibt. Meine Gymnasiasten damals hatten sich richtig verbissen in ihre phantastische technische Welt. Sie ließen sich nur schwer abbringen von ihrer Gedankenspur zu einer anderen Einstellung gegenüber der Gottesfrage.

Die Gewissheit von der Gegenwart Gottes lässt sich nicht durch wissenschaftliche Experimente herstellen oder dadurch, dass man das Hirn mit theologischen Denkinhalten speist. Der forschende, zupackende Verstand bewirkt, dass die Wirklichkeit, die er fassen will, sich ihm entzieht. Es ist so, wie wenn einer mit der Faust ins Wasser greift. Er bekommt kein Wasser zu fassen. Wenn er die Hand öffnet, kann er Wasser schöpfen. Je hohler er die Hand macht, desto mehr gewährt sich ihm das Wasser.

Schulische Lernprogramme, die einseitig darauf angelegt sind, dass möglichst schnell und viel nützliches Wissen angeeignet wird, zerstören die Freude am Lernen, entmutigen, machen krank. Lehren, das dem Leben dienen will, gewährt Zeit, schaut nicht auf die Schulnoten, sondern darauf, ob der Schützling einen zufriedenen und frohen Gesamteindruck macht.

So ist es mit allem Lebendigen. Wenn der Mensch sich das Leben zunutze machen will, indem er es auf ein Programm festlegt, entweicht es. Nur wer sich ihm öffnet, gewissermaßen zurücktritt und es kommen lässt, kann es stark und beglückend erfahren.

So ist es auch mit der Wirklichkeit Gottes mitten in allem Lebendigen. „Gott offenbart sich dort, wo jemand ist, der das Leben achtet, das Licht will, die Liebe sucht. Jedes Mal, wenn Du dem Leben Raum gibst, die Wahrheit ins Werk setzest, liebst, kommt Gott aus Deinem Handeln ans Licht." (Carlo Caretto)

Wasser unser

Mit einem älteren hochangesehenen Gelehrten aus der hinduistischen Religion habe ich einmal den Wallfahrtsort Mariazell besucht. Ein jüngerer Kollege von ihm war auch noch dabei. Ich führte sie im Wagen auch zu der Quelle, von deren Wasser die Pilger trinken und sich die Augen netzen. Sie glauben, dass Gott, der alles geschaffen hat, in den Gaben der Schöpfung heilsame Kräfte bereithält für sein Geschöpf Mensch.

Nach meinen Erklärungen trat der Jüngere an den Brunnen, trank daraus, netzte sein Gesicht, goss eine Handvoll über sein Haupt. In seinen hohlen Händen brachte er dem Älteren, der im Wagen sitzen geblieben war, von dem Wasser in die aufgehaltenen Hände. Der goss es ebenfalls auf sein Haupt, verteilte die herunterperlenden Tropfen auf Augen und Wangen und nahm mit den Lippen von der Feuchtigkeit der Hände.

Ich wollte den jungen Hindu bitten, mir auch Wasser zu bringen, war es doch unser Wasser, nicht christlicher Besitz, sondern gemeinsame Gabe an alle Menschen. Wir dürfen doch nicht Besitzansprüche erheben und gegeneinander verteidigen. Jede Religion hat das Besondere, das ihr anvertraut ist, den anderen mitzuteilen. Meine Scheu vor den Fremden war noch zu groß, um meine Bitte auszusprechen.

Auf der Heimfahrt fing der alte Mann an, sich leise zu bedanken. Er habe Wasser schöpfen und mir bringen wollen, doch habe er sich nicht getraut. Wir waren uns noch zu fremd.

Wüste

Norberts Haus hat sich verändert. Alles ist ruhiger geworden, seit er krank ist. Er musste sich einer Kehlkopfoperation unterziehen. Jetzt ist er stimmlos. Im trainierten Luftstrom bilden seine Lippen tonlose Wörter. Wenn keine Nebengeräusche im Raum sind, ist Konversation mit ihm ganz gut möglich.

Die Stille im Haus ist kein Verstummen, sondern erfüllt mit aufmerksamer Gegenwart in akustisch reiner Luft. Norberts Krankheit hat in der Familie etwas gesund werden lassen. Die aggressive Reibung mit der jungen Generation hat sich zum fairen Gedankenaustausch entwickelt.

Manchmal umgibt er sich mit unnahbarem Schweigen. Dann ängstigt sich seine Frau sehr. Was mag in ihm vorgehen? Würde er schreien, könnte ihn niemand hören, wie in der Wüste. Du kannst einen Urschrei loslassen, hören kannst nur Du selbst Dich, echolos.

Die Wüste kann vom Kehlkopf ausgehen oder dich verschlingen am Tag der Trennung oder sich ankündigen in den hartnäckig wachsenden roten Zahlen. Dann stehst du auf einmal alleine da, ausweglos.

Es gibt Erfahrene, die behaupten allen Ernstes, die Wüste sei nur die eine Seite, die Hohlform für Fülle, für ein Leben der Wertschöpfung mit Zukunftsgeschmack. Weil sie der Wüste ausgesetzt waren, sind sie freier geworden, weniger verletzbar. Wüste ist Saatfeld der Freiheit. Manche sichern sich Wüstentage. Freiwillig. Sie haben Durst nach Leben mit dem Nachgeschmack des Sinnvollen.

Echo

Bei der Führung durch ein Funkhaus kamen wir in den Raum ohne Echo. Es klang als wäre Wasser in den Ohren. Beim Sprechen stieg ein fremdes Vibrieren aus der Kehle in den Schädelraum. Wie eine Gitarrensaite, die zwischen zwei Schraubstöcke gespannt, gewissermaßen noch ungeborene Töne hervorbringt.

Ein Wort ohne Echo bleibt ungeboren. Es irritiert den Sprecher, wenn er auf nichts und niemanden trifft, wenn kein Echo ihm sagt, wo er sich befindet. Echo hat mit Sinnerfahrung zu tun.

Ähnlich ist das mit dem Licht. Es ist da und doch nicht sichtbar. Wir können es erst wahrnehmen, wenn es irgendwo auftrifft und zurückgeworfen und gebrochen wird. Sonst bleibt es stockfinster.

So ist das auch mit menschlichen Gefühlen. Man kann sie nach allen Seiten und im Überschwang verströmen, wenn sie nirgends auftreffen, aufgefangen und zurückgeschenkt werden, dann treibt ein Mensch haltlos irgendwo. Es kann keine Liebe wachsen. In allen Dingen, die einem begegnen, ist dann kein Sinn zu finden.

Man kann einen Menschen umbringen, indem man ihn einfach nicht an sich heranlässt, indem jeder sich von ihm zurückzieht. Eine schaurige Möglichkeit.

Aber wir haben die wunderbare Gabe des Echos: im Lächeln, in der pfiffig aufmunternden Bemerkung, im treffenden Gegenargument, im Wutausbruch, im wortlosen Aushalten und Dableiben, wenn jemand vor sich selbst davonlaufen will.

Jeder einzelne von uns ist zwar da irgendwie, aber Menschen werden wir erst im Echo.

zurück ins Leben

Vor einigen Jahren fuhr ich einmal mit einem befreundeten Ehepaar zum Schifahren. Wir waren zeitig unterwegs. Es versprach ein schöner Tag zu werden. Plötzlich stieß mein Freund einen fürchterlichen Schrei aus. Aus einer langgestreckten Kurve schoss ein Auto in voller Fahrt genau auf uns zu. Erst im allerletzten Augenblick wurde der Wagen herumgerissen. Es können nur Zentimeter gewesen sein, dass unsere Autos aneinander vorbeikamen. Wir stiegen aus, schlotternd vor Schreck. Der andere Wagen hatte seine rasende Fahrt fortgesetzt.

Es wurde ein unvergesslich schöner Tag. Gelegentlich hat es einen immer wieder geschüttelt beim Gedanken an den Beinahe-Zusammenstoß in der Frühe. Unwillkürlich stellten sich Vergleich ein: Anstatt die Schi anzuschnallen, könnten wir jetzt in der Intensivstation angeschnallt sein; anstatt behaglich in der Sonne zu räkeln, könnten wir jetzt in der Leichenhalle liegen.

Uns war das Leben neu geschenkt. Der Blick ins Angesicht des Todes hatte uns verändert. Wir haben die Sonne und den Schnee viel intensiver wahrgenommen. Dankbar sind wir uns bewusst geworden, dass wir als Freunde miteinander leben dürfen. Und am Abend haben sich die Eltern sehr auf ihr Baby gefreut. Sie hatten es einer lieben Tante anvertraut. Die Freude bei der Geburt war sicher nicht größer als an jenem Abend, da sie ihr Kind wieder in die Arme nehmen durften.

Manchmal leben Menschen lange Zeit in der Zone des Todes. Ich denke an Begebenheiten aus der Bibel. Jesus begegnet zehn Aussätzigen. Diese mussten außerhalb jeder menschlichen Gemeinschaft in unbewohnten Gegenden herumstreunen. Jesus schickt sie heim. Unterwegs werden sie heil. In der biblischen Erzählung werden sie getadelt, weil sie - bis auf einen - sich nicht bei Jesus bedankt haben. Ich kann sie verstehen. Sie waren wie Verdurstende, die eine Wasserstelle entdeckt haben. Sie hatten nur noch eine Empfindung. Zurück zu den Menschen, in die Gemeinschaft, ins Leben.

Oder es wird erzählt von der Frau, die der Blutfluss jahrelang ausgezehrt hat. Ihr ganzes Vermögen hat sie in medizinische Behandlung gesteckt, aber man kann ihr nicht helfen, ihre Tage sind gezählt. Plötzlich spürt sie bei der Begegnung mit Jesus:

Ich bin geheilt. Ich darf leben. Ich muss mich nicht mehr demütigenden Behandlungen überlassen, brauche nicht mehr bedauert und getröstet zu werden. Alles ist anders. Ich darf leben.

Die Menschen aus der unmittelbaren Umgebung Jesu erlebten ständig, wie Leben von ihm ausgeht, in den unterschiedlichsten Situationen, unerschöpflich wie aus einer Quelle. Nicht einmal der Tod, seine Hinrichtung, bringt diese Quelle zum Versiegen. Sie erkennen: Hier ist das Leben selbst aufgebrochen, mitten unter uns. Hier tritt der Ursprung allen Lebens selbst an die Oberfläche.

Und so teilen sie es mit: „Was von Anfang an war und was wir gehört haben, was wir mit unseren Augen gesehen, was wir geschaut und mit unseren Händen betastet haben, das verkünden wir - vom Wort des Lebens. Denn das Leben ist erschienen." (1 Joh 1,1-3)

Briefschreiben

Der russische Schriftsteller Edward Radzinsky hat in einer Literaturzeitung ein erschütternd zwiespältiges Bild über seinem ehemaligen Freund und Kampfgenossen Josef Wissarionowitsch - genannt Stalin - veröffentlicht. Diesen Josef hat die Macht geformt. Als der unbedeutende, ungebildete Bauernbub aus Georgien durch die Revolution ganz nach oben gekommen war, beherrschten ihn Misstrauen und Rücksichtslosigkeit. Alle seine Freunde und Kampfgefährten ließ er ermorden oder trieb sie in den Selbstmord. Unser Erzähler Edward Radzinsky wurde zu zehn Jahren Arbeitslager verurteilt, was er wohl nicht überlebt hätte, wäre er nicht nach vier Jahren plötzlich freigelassen worden. Er durfte sogar in Moskau leben. Das war fast unheimlich.

Eines Tages wird er ans Telefon gerufen. Josef ist am Apparat, der Herr über Leben und Tod der Menschen im riesigen Sowjet-Reich. Unglaubliches verlangt der Gott: Er will Eduard sprechen und zwar in der jämmerlichen Mietwohnung des verdatterten Freigelassenen.

Das Treffen wird arrangiert. Man erinnert an frühere Zeiten, trinkt besten georgischen Wein, singt Gesänge von damals. Josef hat die ganze Zeit Edwards Töchterlein auf dem Schoß. Er reibt ihr Ohrläppchen zwischen seinen dicken Fingern. „Das also ist sie", sagt er schließlich.

Das Mädchen war noch klein, als ihr Vater ins Gefängnis musste. Sie hatte sich selber das Schreiben beigebracht, damit sie Stalin schreiben und um die Freilassung ihres Vaters bitten konnte, vier Jahre, jeden Tag einen Brief. Und Stalin hatte sie gelesen und ausgeführt, was sie von ihm verlangte. Der unerbittlich Machtsüchtige erlag der Ohnmacht des beharrlich bittenden Kindes.

Das wirft die Frage nach den wirklichen Machtverhältnissen in der Welt auf. Es ist wohl nicht nur so eine Redeweise - das Wort vom Glauben, der Berge versetzt.

Tischdienst

Sie nickten, als ich fragte, ob der Stuhl an ihrem Tisch noch frei sei. Wandermüde ließ ich mich darauf fallen und bestellte etwas zu trinken. Sie grinsten vielsagend, als der Kellner zum zweiten Mal nachfragte, ob ich ein Bier oder was bestellt hätte. Er war kein typischer Kellner. Ein Bär von einem Mann mit schaukelndem Gang, für den die Stühle im Biergarten zu eng standen.

Auf dem Kutschbock über einem Sechsspänner, da hätte er wohl eine souveräne Figur gemacht. Bierfässer, die hätte er mit Vergnügen gestemmt, aber das Hin- und Hertrippeln mit dem Tablett war ihm eindeutig zu schwer. Die vielen Bestellungen der ständig wechselnden Gäste und ihre Nörgeleien waren ihm zuviel. Er stapfte gebeugt daher. Schweißperlen standen auf seiner Stirn. Die Unzufriedenheit der Gäste schwappte ihm ins Gesicht. Er wandte sich ab an einen Nebentisch und nahm einen tiefen Schluck aus seinem Maßkrug.

Vielleicht war er einmal Bierfahrer oder gar selbständiger Bauer. Jetzt brauchte man ihn nicht mehr. Vielleicht musste er diese fremde, verhasste Arbeit tun wegen seiner Rente.

Sein jüngerer Kollege, hektisch, die Haare schweißverklebt, pockennarbig, bediente seine Tische im Laufschritt. Immer wieder gelang es ihm, ein paar Minuten herauszuschinden. Die nützte er dazu, Bestellungen für die Gäste seines schwerfälligen Kollegen auszutragen.

Am Ende kassiert der Bär nur noch und nimmt die Bestellungen entgegen. Die Speisen und Getränke schleppt der andere herbei. Die Gäste, halb verärgert, halb amüsiert, lancieren sarkastische Kommentare. Die beiden Kellner sind kein sympathisches Gespann, aber ihr Zusammenspiel erinnert daran, dass die Welt in Ordnung kommt, wenn einer des anderen Last trägt.

Schloss Gimborn
Foto: Gerd Birk

Eifersucht

Ein klarer, milder Sommerabend. Das kleine Jagdschloss spiegelt sich im Teich, der dunkel und unbewegt davorliegt. Das doppelgesichtige Bauwerk scheint zu schweben, märchenhaft unwirklich.

Schwalben jagen in Sturzflügen nach Mücken. Plötzlich berührt eine die Wasserfläche und zersplittert das Märchenbild. Bizarre Lichtflecke hüpfen auf den Wellen. Dann glättet sich's wieder. Wie in verständnisvollem Lächeln verebbt die Unruhe. Das Schloss in der Tiefe ist wieder da.

Manchmal, wenn Liebende beisammen sind, ist es wie bei dem Schloss. Es kann vorkommen, dass Eifersucht einfällt wie eine Schwalbe. Gedanken, Erinnerungen, Verdachtsmomente zersplittern die Harmonie. Ein ungetrübtes Bild wird zerstört wegen einer Mücke.

Eifersucht kommt ungerufen. Sie gehorcht nicht, wenn man ihr verbietet zu kommen. Plötzlich ist sie da. Wer eifert, erschrickt über die Möglichkeit, einen geliebten Menschen zu verlieren. Wenn das Erschrecken unberechtigt ist, zerstört es, was es erhalten will. Oft bleibt es an einem Ereignis in der Vergangenheit hängen, dann schnürt es ab, was heilen soll.

Wer einen Eifernden verlacht, lässt ihn mit seinen Ängsten allein. Der Verlachte verstummt, aber erstarrt auch in der Tiefe. Der Sommerabend wird zum Wintertag. Die unruhige Wasserfläche glättet sich, aber zu Eis erstarrt. Mücken und Schwalben sind zwar fort, aber Schloss und Teich sind da, als hätten sie nichts miteinander zu tun.

enttäuscht

Schau, da wohne ich. Das ist mein Lebensraum. Es ist nicht wichtig, ob anderen meine Möbel gefallen. Die alte Bauerntruhe da enthält kostbare Erinnerungen. Wenn du willst, öffne ich sie für dich. Mögen andere den Kopf schütteln über die Bilder, die ich aufgehängt habe - mit mir leben sie. Das Spinngewebe am Kamin stört mich nicht. Du siehst, die Wohnung ist nicht groß, aber hier lebe ich, wie ich wirklich bin.

Laute Freunde kommen nicht herein. Ich treffe sie auf dem Festplatz oder im Wirtshaus. Dich habe ich eingelassen. Du darfst dir einen Platz aussuchen, du sollst dich wohlfühlen. Alles meine ist dein. Du darfst hier leben. Ich teile mit dir.

Ich habe dich gebeten, laute Freunde nicht mitzubringen. Ich habe dir von meiner Angst erzählt, wenn du leichtsinnig mit dem Feuer spieltest. Du bist unbekümmert darüber hinweggegangen. Du hast unsere Liebe leichtsinnig aufs Spiel gesetzt. Mir war plötzlich, als stünde meine Wohnung, in die ich dich hineingelassen habe, in Flammen.

Du bist weggeblieben. Ich habe versucht, die Wohnung wieder herzurichten. An Truhe und Möbeln, an Büchern und Bildern blieben Brandspuren. Einige Kleinode sind in Flammen aufgegangen.

Ob du wiederkommen kannst? Wir müssen von Schuld sprechen. Nicht anklagen und verteidigen, nicht abschieben auf andere. Wie hat es zu der Katastrophe kommen können? Wie müssen wir unseren Lebensraum neu gestalten, damit wir uns nicht an dem, was geschehen ist, ständig verletzen?

Ob mir aus der Enttäuschung neues Zutrauen wächst, ob es dir möglich ist, dich zu ändern, bleibt offen. Dass es gelingt, muss uns ein Größerer helfen.

Augenblick

Der Blick traf mich unvorbereitet. Im Neonlicht der U-Bahn stocherten die Augen angestrengt in einem Fremdsprachentext herum. Ich wollte mich der Haltestelle vergewissern. Da fiel mein Blick schräg gegenüber in ihre großen, dunklen Augen. Sie schauten in mich hinein, als wäre meine Brust ein offenes Fenster.

Es war wie ein warmer Strahl, der ins Grundwasser meiner Seele tauchte und schlummernde Energien weckte. Ich war eigenartig angenehm berührt.

Ich weiß nicht, wie lange sie mich angeschaute hat. Es war, als hätte die Seele in ihrem Blick gelegen. Einen Augenblick nur, dann wars vorbei. Ich wich aus in mein Buch. Sie vergrub sich hinter der Abendzeitung. Ich bekam sie nicht mehr zu Gesicht.

Ich stieg eine Station vorher aus. Ich wollte noch nicht zuhause ankommen, wollte mich noch erinnern. War ihr Gesicht nicht ein wenig pockennarbig oder täusche ich mich? Mittelgroß und schlank kann sie gewesen sein, die Kleidung gepflegt und unauffällig. An ihre freundliche Stimme erinnere ich mich ganz sicher. Sie hatte einer älteren Frau angeboten, ihren Platz zu nehmen.

Was war das? Ich konnte an diesem Abend den Fernseher nicht einschalten. Und auch am Schreibtisch war nicht mein Platz. Mir war zum Singen zumute. Was war das?

Jemand hatte mich angeschaut, mich bemerkt. Dass es eine Frau war, mag die Empfindsamkeit in jenem Augenblick verständlicherweise noch gesteigert haben. Jedenfalls war mir an jenem Feierabend eine wunderbare Leichtigkeit geschenkt worden.

Mir fiel ein, wie sich Mienen und Bewegungen ganz fremder Menschen deutlich verändern, wenn ein bewundernder Blick sie erreicht oder ihnen wortlos freundlich der Vortritt gelassen wird. Bemerktwerden gehört zum Leben. Wer Aufmerksamkeit entbehren muss, verkümmert.

Erinnerungsblätter

„Die Rose da muss aber zu Lebzeiten Atmosphäre ausgestrahlt haben. Das sieht man ihr jetzt noch an, da sie getrocknet in der Vase steht." Meine Bemerkung löste lebhaftes Erzählen aus. „Ich hatte im Blumengeschäft nur nach einer abgebrochenen Blüte gefragt", sagte Roland. „Es genügt, wenn sie einen Abend auf einer Wasserschale schwimmt." Die Verkäuferin zwinkerte verschmitzt mit den Augen und kramte eine wuchtige Rose mit tief hängendem Kopf hervor. Im Wasserbad erholte sich die Rose. Sie begann zu duften, schwer und süß. Souverän stand sie später in der Vase. Das samtene Dunkelbraun im Innern rollte sich aus zu leichtem Rot an den Blatträndern.

„Die hat wirklich die Atmosphäre des Abends bestimmt", fuhr Roland fort. „Solche Stunden passieren dir, die kannst du nicht planen. Die vergisst du nicht mehr. Anita hat sie getrocknet." Sein Erzählfluss kam ins Stocken. Es war wohl die Scheu, preiszugeben, was jenen Abend so unvergesslich machte. Also wechselten wir in den Besprechungstonfall und kamen zur Sache, wie die anstehende Trauung ablaufen sollte.

In der getrockneten Rose ist eine Stunde intensiven Lebens bewahrt: Erregung, Einsicht, Urworte. Die erwachen wieder in der Erinnerung derer, die dabei waren. Wer nicht dabei war, ahnt vielleicht, was es mit der Blüte auf sich haben mag, weil er schon einmal Ähnliches erlebt hat. Oder er kann fragen und durchs Erzählen teilhaben am erinnerten Erleben und vorbereitet werden auf Situationen, da ihm Ähnliches widerfahren mag.

Der getrockneten Rose nicht unähnlich ist ein Gedicht oder ein Symbol. Da sind Gemütsbewegung, Aha-Erleben, Erwartung geronnen. Sie enthalten Keimzellen, die aufgehen, wenn man sie in die eigenen Erfahrungen einlässt.

Jeder, der versuchte, eigene Ursprungserfahrungen in Worte zu fassen, weiß, dass er nur andeuten, nicht exakt beschreiben kann. Er wird nicht fertig mit dem, was er zu sagen hat. Er bricht oft das gewohnte Sprechen ab, setzt neu an, setzt Ungehöriges zusammen. Niemand soll's leicht einordnen können, ohne selbst ein wenig verrückt geworden zu sein. Andernfalls wäre es besser, nicht verstanden zu haben.

In Ursprungserfahrung deutet sich jene Wirklichkeit an, die wir Gott zu nennen pflegen. Wir stehen dieser Wirklichkeit niemals pur gegenüber, so dass wir darüber reden können, wie wir ein Problem ausdiskutieren. Es kann uns passieren, dass jene Wirklichkeit uns überrascht, uns aus der Bahn wirft, uns zu reden drängt, obwohl uns die Worte fehlen. Solche Wortgeburten, oft schmerzhaft, umrahmen die Propheten häufig mit dem Zwischenruf „Wort Gottes" oder „So spricht der Herr".

Ursprungswissen ist in den Überlieferungen der Religionen bewahrt. In Riten und Liedern, Bräuchen und Büchern sucht sich die Lebenstiefe Ausdruck, die wir Gott nennen. Weil das Leben immer neue Ausdrucksformen sucht, kommen uns die vor langer Zeit in Buchstaben geronnenen Gotteserfahrungen häufig fremd, verstaubt, unmöglich vor. Wenn sie sich unserem Verstehen nicht handsam beugen, sind sie deshalb noch nicht wertlos. Wenn wir uns um sie mühen, kann Erinnertes Gegenwart werden. Die Empfindlichkeit für Einbruchstellen Gottes wird geweckt.

Heilige Schriften sind vergleichbar der getrockneten Rose. Roland und Anita werden durch sie vergewissert, dass sie zusammengehören. Und die zwinkernde Verkäuferin hat geahnt, dass so etwas im Kommen war. Auf Erinnerungsblättern bilden sich Tautropfen des Lebens.

high noon

Pünktlich war der Eurocity aus Zürich um 23.04 Uhr in München zum Stehen gekommen. Lahm vom langen Sitzen und mürbe vom Lesen und Dösen hasteten und humpelten die Spätangekommenen dem Ausgang zu. Aus der Traube der Wartenden am Bahnsteiganfang löste sich eine junge Frau und kam uns entgegen. Ihr Schritt wurde immer schneller, ihr Gesicht begann zu leuchten. Man sah, wie sie sich innerlich ganz weit öffnete. Bei einem Koffer schleppenden jungen Mann war sie am Ziel.

Die beiden fielen sich in die Arme, küssten sich sanft und innig. Sie vergaßen, was um sie herum geschah. Hätte jemand einen seiner Koffer davongetragen, es wäre ihnen entgangen. Die Begrüßungsrose lag auf dem Boden. Sie brauchten alle Hände, um sich im Taumel zu halten. Beim Vorbeigehen war förmlich zu spüren, wie die Woge der Seligkeit über ihnen zusammenschlug.

Zu später Stunde begann für sie high noon, reifte der Tag zum Höhepunkt, uhrzeitunabhängig.

„Wünsche sind wie Engel". Ein tiefes Wort von Martin Buber. Ich habe den beiden heimlich einen Engel zugesellt, einen großen, dass er ihre Liebe in Obhut nehme. Was wäre unser Leben ohne die Liebenden unter uns? Sie durchbrechen unsere stupide Hast und unsere verkrampfte Zielstrebigkeit. Sie bewahren das Leben vor der Geschmacklosigkeit der Routine und erinnern daran, dass am Ende der Einzelkämpfer-Karriere die Leere wartet.

wie einer, der Macht hat

Das Zirkusprogramm war zu Ende. Alle Artisten hatten sich im Kreis aufgestellt, um den Schlussapplaus in Empfang zu nehmen. Beklatscht im Rhythmus der Band zogen sie ab. Da stellten sie einen Toilettentisch in die Manege. Die Kapelle verstummt auf einen Schlag.

Der Clown kam noch einmal, gemessenen Schritts. Gespannt verfolgten die Zuschauer, wie er Flatterjacke und Polsterbauch an den Kleiderhaken hing, die Perücke mit der Knollnase ablegte. Er strich sich Schminke absorbierende Creme ins Gesicht, tupfte sie ab, kämmte sich, zog einen eleganten Bademantel an.

Auf dem Toilettentisch lag eine gelbe Rose. Er trug sie ins Publikum zu einer älteren Dame. Er tat es in ungeschminkter Höflichkeit und bescheidener Grandezza. Es blieb mucksmäuschenstill. In die Mitte zurückgekehrt, schaute er grüßend in die Runde ohne Applaus heischende Verbeugung. Dann schritt er würdig durch die Zuschauerränge hinauf bis zu einem oberen Ausgang, wandte sich noch einmal mit einer sanften Abschiedsgeste um und verschwand.

Wir schauten einander schweigend, kopfnickend, verwundert an. Durch die Macht seiner Körpersprache hatte er in Gesten, die für seinen Alltag das Selbstverständlichste auf der Welt sind, uns aus der Zerstreuung gesammelt, nachdenklich gestimmt und in einem wunderbar nachklingenden Frieden entlassen.

Die ganze Atmosphäre erinnerte mich an jemanden, der auch das Selbstverständliche und menschlich Naheliegendste mit Schlichtheit und Würde zu tun pflegte, so dass die Leute sagten: „Der spricht wie einer, der Macht hat." Sie waren außer sich, wenn er einem Kranken auf die Beine half, indem er sein Gottvertrauen stärkte. Oder wenn er mit dem Hunger fertig wurde, indem er teilen ließ, was gerade da war. „Macht nicht so ein Geschrei" sagte er ihnen dann. „Gott ist doch da. Sehr ihr das denn nicht?"

Die schwarze Dichterin

Bei der Amtseinführung von Bill Clinton zum Präsidenten der Vereinigten Staaten
von Amerika wurde Hoffnung inszeniert. Immer wieder hatte die Regie Anspielun-
gen an damals eingebaut, als ein ähnlich junger Präsident, J. F. Kennedy, daranging,
die riesige buntgescheckte USA-Gesellschaft zu erneuern. Posthum hat er sich als
Blender und Taugenichts erwiesen. Dennoch ist immer jetzt der rechte Zeitpunkt, es
besser zu machen.

Zum Protokoll der Amtsübernahme gehört das Gebet als Staatsakt. Ein Profi in kleri-
kaler Robe deklamierte es in Mikrofone und Kameras. Es klang wie der Salutschuss
aus einer Originalkanone der Revolutionsarmee von vor 200 Jahren.

Neu war der Auftritt einer Dichterin, der Maya Angelou. Die Frau von dunkler Haut-
farbe kommt aus dem Reich des Elends und der Gewalt. Als Achtjährige wurde sie
vergewaltigt, war daraufhin fünf Jahre stumm, bis sie zu neuer Sprache fand, nicht
zur geschwätzigen, sondern zur gereiften, verdichteten. Sie ist in die kulturelle Elite
der Nation hineingewachsen.

Auf der Schaubühne vor dem Kapitol in Washington pries sie nicht den Machthaber,
sondern lieh ihre dunkle, zerklüftete Stimme der Mutter Erde: dem Fels, dem Fluss,
dem Baum – die Menschengemeinschaft erinnernd und sie beschwörend zu rück-
sichtsvollem, geschwisterlichem Lebensstil. Obwohl sie ruhig ihr Gedicht vortrug, lag
in der Wahl ihrer Worte ein durchdringender Schrei.

Unsere scheinbar so religionslose Zeit hat auch ihr Gebet. In der Deklamation des
Talarträgers ist es erloschen. Im Schrei der verletzten schwarzen Dichterin bricht es
hervor.

atemlos

Das Fenster über dem Schreibtisch steht offen. Im Vorhang spielt eine Abendbrise. Die Blätter der Pappeln paddeln aufgeregt im Luftzug draußen. Kinderstimmen dringen von den Wohnblocks herüber. Wer da alles wohnt! Meine bürgerliche Nase würde sich im Vorbeigehen rümpfen, wenn ich sie ließe.

Die Kinder singen. Ein Ringelreihen. Ich kann nicht verstehen, was sie singen, aber aus Kindertagen weiß ich, welche Worte zu den Melodien gehören.

Wahrscheinlich tanzen sie, fassen sich bei der Hand, drehen sich im Kreis. Die Kleineren dazwischen, der Melodie und dem Rhythmus noch nicht gewachsen, werden mitgerissen. Wenn der Wind eine Gesangswoge ins Fenster schwappt, werden Erinnerungen wach: an die beglückende Atemlosigkeit, an die gebändigte Lust, an den Wunsch, es solle nie aufhören.

Pause. Eine neue Melodie setzt ein. Eine ganz andere Tonart. Die vielen Synkopen tragen einen etwas schwermütig schwingenden Rhythmus. Wie verzaubernd. Die deutschen Kinder müssen es ja wohl erst noch lernen. Aber sie haben es bald. Der Gesang schwillt langsam an, kräftig wie vorher. Dann wieder ein deutsches Lied, dann wieder ein fremdes. Unermüdlich in die Dämmerung hinein. Die Kinder feiern ein Fest aus ursprünglicher Lebensfreude. Zwischen grauen Wohnblocks, auf einem Stück fast ausgetretenen Rasen, ohne Programm. Grenzen zwischen den Völkern sind aufgehoben.

Das Leben lässt sich nicht unterkriegen. In Grauzonen, deren Geruch in feine Nasen sticht, brütet Zukunft.

Kasimièrsk Kowalczyk: Hiob

Horchposten

Ein japanischer Freund gab mir seine Doktorarbeit, dass ich sie auf stilistische Un-
ebenheiten durchlese. Er hatte sich mit Leben und Lehre eines Mönches vom Berg
Athos in Nordgriechenland auseinandergesetzt.

Ich konnte oft nicht entscheiden, ob es sich um stilistische Ungeschicklichkeiten des
Doktoranden oder ungewohnte Gedanken des Gottsuchers handelt. Ich musste immer wieder das Hintergrundwissen meines Freundes anzapfen. Die Klösteranhäu-
fung der Mönchsrepublik auf der Halbinsel, die wie ein kleiner Finger ins nördliche
ägäische Meer greift, gibt Fragen auf: Handelt es sich um ein skurriles Reservat oder
um einen Horchposten in eine weithin vergessene Dimension unseres Lebens hinein?

Jüngst besuchte ich einen zu lebenslanger Haft verurteilten Mann. Um in der Ein -
samkeit des Hochsicherheitstraktes nicht zugrunde zu gehen, hat er vor Jahren mit
dem Malen begonnen. Als Mechaniker glaubte er, die Ikonen, jene Bilderwelt, die
auch auf dem Athos lebt, mit ihren schlichten Linien und klaren Farben, wären am
ehesten für ihn machbar.

Er bekam's aber nicht hin, so aufmerksam er auch die Malanweisungen studierte.
Ganz verzweifelt, stieß er auf die immer überlesene Bemerkung, dass man Ikonen
nur betend malen kann. Religion war ihm so gleichgültig wie seine Kinderschuhe. Er
hat es trotzdem einmal mit dem Beten versucht. Da brach jene Dimension in sein Leben ein, für die der Athos als Horchposten steht. Seine Bilder glückten ihm immer
besser und sein Leben erneuerte sich bis in die Wurzeln hinein. Er ist Experte geworden, richtiger Ikonenmaler, ein freier Mensch in schwerbewachter Gefangenschaft.
Er hat seine Erfahrungen in einem Taschenbuch unter dem Namen des kleinen großen Athos-Mönchs Siluan veröffentlicht. „Gott hinter Gittern" - aufregend zu lesen.

Der erste Schritt

Ich hatte Birgit lange nicht mehr gesehen. Vor einem Einkaufszentrum liefen wir uns in die Arme. Ihr strahlendes Mädchenlachen hatte den besonderen Glanz einer stolzen Mutter. Gerade vor zwei Tagen hatte ihr Stephan zu laufen begonnen. Während wir die letzten zwei, drei Jahre kurz Revue passieren ließen, war er mit Blumenkasten, Papierkorb und Regenpfütze auf dem Vorplatz beschäftigt. Dann lockte sie ihn. Sie ging in die Hocke, breitete die Arme aus und rief in singendem Ton: „Wer kommt in meine Arme?" Stephan brachte sich in Startposition. Den rechten Arm erhoben, den linken noch am Drahtgeflecht, Mund und Augen weit auf. Dann ging auch der linke Arm hoch. Ganz sachte begann der freie Fall nach vorn, gebremst durch ein gehobenes und wieder ausgestrecktes Bein, das stapfend aufsetzte. Das Zuviel an Schwung musste durch das Anziehen und Strecken des anderen Beins aufgefangen werden. Bei jedem Aufstapfen zwinkerte er mit den Augen, als ginge eine Glasscheibe zu Bruch.

Das Heraustreten aus dem gewohnten Gleichgewicht erzeugt das Gefühl, ins Leere zu stürzen. Für einen Augenblick mischen sich Angst und Schauder, abgelöst von der erregenden Erfahrung von Untergrund und Gleichgewicht und innerem Halt. Es ist ein Abenteuer, zu lernen, frei und aufrecht zu gehen.

Der kleine Stephan wird sein Leben lang diese Erfahrung in anderen Weisen immer wieder machen müssen: Wenn er sich vom Rockzipfel der Mutter löst, wenn in der Glut der ersten Verliebtheit seine Freundin ihm den Laufpass gibt, wenn er sich in einem Ja zur Partnerschaft in guten und schlimmen Tagen verpflichtet, wenn man ihm eine Aufgabe anträgt und er nicht weiß, ob er ihr gewachsen ist. Immer ist es ein Heraustreten aus dem gewohnten Gleichgewicht, aus bisher gültiger Sicherheit. Immer bleibt gefühlsmäßig die Unsicherheit, ob der nächste Schritt auf festen Grund, auf splitterndes Glas oder auf abgründiges Wasser trifft. Werde ich zerstören oder einen neuen Weg eröffnen? Werde ich untergehen oder durchkommen?

Mit dem Schritt aus dem Gewohnten ins Ungewisse zu neuer Sicherheit hat es der Glaube zu tun, der in den Erzählungen der Bibel bezeugt wird. Der Auszug aus der versklavenden Ordnung und Versorgtheit in Ägypten über schlüpfrige Pfade des Schilfmeeres in die neue Freiheit voller Kargheit und Risiken ist zum Modell biblischer Gotteserfahrung geworden.

Mose hat in seinem Wüstenexil den Auftrag zur Befreiung erhalten. Auf die Frage, wer dieser Gott denn sei, der ihm den Auftrag zum Aufbruch mit unabsehbaren Folgen ins Bewusstsein eingebrannt hatte, erhält er zur Antwort: „Ich werde da sein. Ihr könnt mit mir rechnen."

Das Wagnis des ersten Schrittes aus gewohnter - oft auch trügerischer - Sicherheit in das Zwielicht eines Neubeginns wird dem Glaubenden zugemutet. Schaden und Verluste im Sinne dessen, was einem bisher lieb und wert war, gehören dazu. Tränen und Narben bleiben nicht ausgespart. Aber Leben ist einem garantiert, unbeugsames Leben, in Freiheit von Angst und Niedertracht, im aufrechten Gang.

Dieser Schritt aus gewohnter Sicherheit hat nichts zu tun mit tändelnder Experimentierfreude. Er kommt aus der Tiefe des Hörens in die eigene Existenz hinein, aus der Distanznahme zu den Überzeugungen in der Praxis des Alltagslebens, kommt aus der Versenkung in fragendes Beten. Dennoch gewährt der biblische Glaube keine Kuschelecke für Seelenfrieden und himmlische Ruh', sondern nimmt in Dienst für die Gerechtigkeit.

Feuerschwein

Ein Kurskollege von mir hat 19 Jahre in Papua-Neuguinea als sogenannter Buschmissionar gearbeitet. Er ist auf tragische Weise tödlich verunglückt. Bei seinem letzten Heimaturlaub saßen wir wieder mal beim Bier zusammen und haben erzählt. Die Rede kam auf sein Motorrad, mit dem er über holprige Straßen die Dörfer in niedrigeren Regionen der gebirgigen Südseeinsel besuchte. Die Leute nannten sein Vehikel Feuerschwein. Ein lustiger Name. Warum sie sein Benzinross so getauft hatten, wusste er nicht. Wir haben versucht, uns einen Reim darauf zu machen.

Die Leute, mit denen er in Verbindung stand, lebten zum Teil in winzigen Ansiedlungen über 2.000 m hoch im tropischen Hochgebirgswald fernab der technischen Zivilisation. Mit Rädern war da nichts zu machen. Vielleicht gab es noch nicht einmal ein Wort für Rad, geschweige denn für ein durch Verbrennungsmotor angetriebenes Zweirad. Keine sprachliche Brücke führte über die Schlucht zwischen der naturverwobenen Kultur und der technischen Zivilisation.

Wir stellten uns vor, ein solcher Bergbewohner hätte sich zu Tal begeben und sei dem Pater auf seinem Motorrad begegnet. Wie soll er seinen Leuten bei der Rückkehr erzählen, was er gesehen hat. Ob er Motorrad gesagt hätte oder bla, bla, bla, wäre dasselbe gewesen. Wie macht man bisher nie Erlebtes, Unvorstellbares anderen, die nicht dabei waren, klar? Man muss an Vertrautes anknüpfen und versuchen, die Phantasie der Zuhörer in die Richtung zu lenken, in der sich eine neue Vorstellung formen soll.

Der Pater kam also dahergeritten wie auf einem Schwein. Das schwarzborstige Haustier genießt im Umgang mit den Papuanern große Vertrautheit. So ein Schwein ist sehr schnell und wendig und seine grunzenden Laute sind ein schwacher Anklang an die Stimme des Dings, auf dem der Pater daherkam. Und Qualm kam hinten heraus. Also musste es doch Feuer im Bauch haben. Ein Feuerschwein gibt es natürlich nicht. Das wissen auch die Papuaner. Kein lebendes Wesen trägt glühende Holzscheite im Bauch mit sich herum.

Die Namensgebung, die uns erheitert, ist ein Bild, in dem eine ganz neue Erfahrung vermittelt wird. Man versteht's am Anfang nicht, aber man bekommt eine Ahnung.

Man kann sich auf die Suche machen, welche Wirklichkeit denn dahintersteckt. Wer es wörtlich nimmt und an ein berittenes Borstentier denkt mit flammenden Holzscheiten im Bauch, wird nie die Wirklichkeit erfahren. Die Papuaner haben das wunderliche technische Gerät mit einem Namen belegt, der ihren sprachlichen Möglichkeiten entnommen war. Damit haben sie eine geniale sprachliche Leistung vollbracht, die eine Brücke schlägt zwischen zwei ganz fremden Welten.

Das Feuerschwein ist kein Jägerlatein. Es veranschaulicht die Schwierigkeit, von einer Gottesbegegnung zu sprechen. Da geht es um Erfahrungen mit einer Welt des Ungeahnten, für die es keine adäquaten Vorstellungen und Begriffe gibt. Was einem Menschen, der sich gläubig öffnet, wiederfahren kann, lässt sich nur in Bildern andeuten und zwar in gebrochenen, in vielleicht unmöglichen Bildern. Wer sofort weiß, was los ist, zeigt, dass er nicht verstanden hat.

Jener Kanake wird wohl auch zu hören bekommen haben: „Du spinnst". Wir Führerscheinbesitzer wissen sehr wohl, dass es das gibt, was der braunhäutige Mann unter dem Äquator meinte. Nur wenn sich seine Zuhörer auf den Weg machen, kommen sie der Wahrheit näher, die er erfahren hatte. Natürlich kann man die Kunde auch verspotten und sich dabei sehr vernünftig vorkommen.

Widerstand bis aufs Blut

Auf Taiwan lebt in unwegsamer Berggegend der Stamm der Tsou. Es sind Ureinwohner der Insel. Ein Missionar, der einen großen Teil seines Lebens unter ihnen verbracht hatte, wusste aus der Geschichte dieses Stammes folgendes zu erzählen:

Vor dreihundert Jahren noch waren die Tsou Kopfjäger. Sie opferten zum Erntedank ihrer Gottheit die Häupter erschlagener Feinde. Da trat ein Mann namens Ufung auf, ein Chinese, beliebt wegen seiner Gerechtigkeit und Güte. Er gewann das Vertrauen dieses Stammes und konnte ihn dazu bringen, nicht mehr Menschen zu erschlagen. Sie opferten statt dessen Schweine.

Das ging viele Jahre gut. Dann kam eine Dürre. „Die Gottheit rächt sich und hungert uns aus, weil wir keine Menschen mehr opfern", sagten die Tsou. Der gute Ufung konnte die verängstigten und aufgebrachten Leute nicht mehr zurückhalten. „Wenn es nicht anders geht", besänftigte er sie, „dann wartet morgen früh bei Sonnenaufgang hier, bis ein roter Reiter auf einem weißen Pferd auftaucht. Ihn könnt ihr umbringen."

Und richtig, am nächsten Morgen kam der Reiter. Sie töteten ihn. Als sie ihm den Kopf abschlagen wollten, erkannten sie voll Schrecken: Wir haben unseren besten Freund, den Ufung, ermordet. An seiner Leiche schworen sie, nie mehr einen Menschen zu töten. Das war am 9. August 1759.

Wieso verfallen Menschen immer wieder Wahnvorstellungen, die sie wie Gottheiten verehren, denen sie sogar Menschen opfern? Wie war es möglich, dass im Mittelalter ganze Gegenden Europas dem Hexenwahn verfielen? Wie konnte man die Reinheit der christlichen Lehre zu einem Götzen machen, dem man durch Inquisition, Folter und Scheiterhaufen Menschen opferte? Sagen wir nicht: „Gut, dass wir diese Zeiten hinter uns haben." Unsere Zeit gebiert neue Gottheiten, denen Menschen geopfert werden.

Da ist die Idee „neue Gesellschaftsordnung", die durch Revolution herbeizuführen ist. Sie gebärdet sich wie eine Gottheit, die Menschenopfer zuhauf verlangt. Wir erleben gerade, wie sie in manchen Gebieten der islamischen Welt ihr blutiges Ritual vollzieht. Es setzt sich fort in vielen Befreiungsbewegungen überall auf der Welt.

Oder da haben wir die Gottheit „individuelle persönliche Entfaltung" entwickelt. An sich eine urmenschliche Lebensaufgabe, wird sie in einseitiger Betonung geradezu lebensgefährlich, vor allem, wenn sie sich mit dem Grundsatz verbindet: Ich will tun, was ich will; ich will meine Bedürfnisse ausleben; ich will meine Karriere machen.

Dieser Gottheit wird Gemeinschaft, ein wesentliches Element menschlichen Lebens geopfert: Die Alten werden abgeschoben, Kinder müssen untergebracht werden, werdendes Leben wird, wenn unerwünscht, getötet. Dabei kann der einzelne manchmal gar nicht anders. Ein Zwang liegt auf ihm, der sein Handeln bestimmt. Das liegt in der Natur der selbstgeschaffenen Gottheiten. Sie fordern unerbittlich ihren Tribut. Angst, sozialer Druck, geistige Blindheit sind die Stützen, auf denen solche Gottheiten ihren Thron errichten.

Der alte Ufung auf Taiwan muss in den Augen der Kopfjäger ein Ungläubiger gewesen sein. Er wollte ihnen die gewalttätige Gottheit nehmen. Als sein Bemühen zu scheitern drohte, hat er das Volk nicht sich selbst überlassen. Er hat sich der Gottheit, die ja nichts anderes ist als Angst, Wahn, Gewalttätigkeit, direkt gestellt. Sein Tod war äußerster Widerstand gegen die zerstörerischen Kräfte im Menschen.

Dieser Vorgang kann uns einen Schritt weiterführen im Verstehen des Todes Jesu. Jesus war in den Augen der Rechtgläubigen ein Gotteslästerer. Er hat versucht, sein Volk vom Wahn einer selbstgefertigten Gerechtigkeit zu befreien. Als er damit scheiterte, hat er sein Volk nicht sich selbst überlassen, sondern bis aufs Blut Widerstand geleistet.

Bomben und beten

Rein zufällig hatte ich das Salzburger Nachtstudio eingeschaltet. Da hörte ich die dunkle warme Stimme des blinden Professors wieder. Ich hatte ihn bei einer Tagung persönlich zu betreuen. In meinen Arm eingehängt, war ich mit ihm viele Stunden unterwegs, im Park und durch die Stadt.

Er ist Muslim. Seine Heimat ist der Libanon. Er lebt weit fort von daheim. Seine Theologie ist ganz auf Versöhnung eingestellt. Juden und Christen und Muslime sind Söhne Abrahams. Viele seiner Glaubensbrüder distanzieren sich von seiner Versöhnlichkeit. Schon öfter ist ein Gottesdienst ausgefallen, wenn er hereinkam.

Ein schwerer Schicksalsschlag war die Erblindung. Allein tappt er durch den Großstadtverkehr zu seinem Vorlesungssaal, allein fliegt er um die Welt. Er bat mich, Andenken zu kaufen für seine Kinder, an denen er sehr hängt. Seine Ehe ist eine Katastrophe.

Er ist nicht verbittert. Sanftheit und Ergebung liegen in seiner Stimme, wenn er erzählt. Islam heißt ja Ergebung. Allah ist kein Kriegsgott, nicht hart und blutrünstig. Mein muslimischer Freund bezeugt ihn als gütig und barmherzig und als Freund des Lebens.

Ganz nahe war mir der glaubensstarke Mann wieder in seiner Stimme im Radio. Da habe ich damals zu Allah gebetet, dass er Saddam Hussein Gedanken des Friedens ins Herz gebe und der Krieg vermieden werde. Allah hat sich nicht gerührt, ebenso wenig wie der Christengott.

Bomben hingen an meinem Beten. Ich war in den Krieg verwickelt, ob ich wollte oder nicht. Ich zahle kräftig Steuern, und ein dicker Batzen davon ist in die gigantische Tötungsmaschinerie geflossen. Kann bombenbehaftetes Gebet überhaupt erhört werden? Gott lässt sich nicht auf die Seite der Gewalttäter ziehen. Das war das Lebenszeugnis des Jesus von Nazaret.

Schattenweisheit

Ich kauerte am Wegrand, um einen Film zu wechseln. Da kreuzte vor mir eine Schlange den Weg, lautlos und geschmeidig, mit geradezu majestätischer Bedächtigkeit. Riesig kam sie mir vor. Erschreckt und fasziniert zugleich griff ich nach einem Stein. Die Faszination siegte. Mit dem Teleobjektiv folgte ich ihrer Spur an den zitternden Gräsern.

Sie erreichte den Waldrand und glitt wie schwerelos in einem Strauch hoch. Manchmal zitterten einige Blätter und gaben ein Stück ihres eleganten Leibes frei. Wenn sie verharrte, schimmerte die phantasievolle und makellose Maserung ihrer Haut. Ich versuchte, unbemerkt so nahe wie möglich an sie heranzukommen. Es war atemberaubend schön.

Da erschien schräg über mir der Kopf. Sie hatte sich bis an die Spitzen des Gezweiges vorgewagt und züngelte nach leuchtenden kirschenähnlichen Früchten. Nicht jede der roten Kugeln nahm sie, sondern nur die ganz reifen, die ihr bei leiser Berührung schon entgegenfielen. Ich verharrte, bis sie sich ins undurchdringliche Unterholz zurückgezogen hatte. Welch wunderbares Geschöpf: knickt keinen Halm, bricht keinen Zweig, nimmt vom Überfluss der Früchte nur das Beste, ohne zu zerstören. Und wie schön sie sich gemacht hat in ihrem Reich des Schattens!

Ich dachte an die Mythen des Altertums. In Ägypten verkörperte sie göttliche Kräfte der Weisheit, Bildung und Erziehung. In Griechenland ist sie Begleiterin Äskulaps, des Gottes der Heilkunst. Noch heute zeigt der schlangenumwundene Stab Arztpraxen und Apotheken an.

Warum gilt sie bei uns als Inbegriff des Bösen? Auch ihr gilt doch das Bibelwort: Und Gott sah, dass alles, was er gemacht hatte, gut war. Dass sie in der Sündenfallerzählung der Fluch trifft, hat mit dem zerstörerischen Verhalten des Menschen zu tun. Darüber wäre eigens zu sprechen.

Gretchenfrage

Vor etlichen Jahren hatte ich Susanne kennengelernt. Sie war ein aufflackerndes Sternchen am Pop-Himmel. Ausgiebig hatte sie mich nach Religion und Kirche befragt, sichtlich amüsiert, dass ich den Kram noch ernst nahm.

Letzten Sommer saß ich ihr unversehens wieder gegenüber. Das fetzige, nervöse Twiggy von damals hatte sich zur Matrone gerundet mit geschlossenem Kleid und halblangen Ärmeln. Sie spielte mir ein Lied vor. Damaskus. In Anspielung auf die Bekehrung des Paulus vor Damaskus besang sie darin ihre eigene Bekehrung.

Aus ihrer Karriere war nichts geworden. Zur Beflügelung ihrer künstlerischen Inspiration hatte sie Drogen genommen. Ihr Einkommen hielt ihrem Lebensstil nicht stand. Vor dem totalen Zusammenbruch wurde sie per Zufall von einer freikirchlichen Sekte aufgefangen. Sie stieg in einen Fluss, ließ sich taufen und erlebte, wie der Heilige Geist auf sie herabkam. Von da ab lief bei ihr so ziemlich alles in der Gegenrichtung des Bisherigen.

Wir hatten ein verträgliches Gespräch, diesmal von gegenseitiger Achtung und Einfühlung getragen.

Als Susanne gegangen war, zeigten sich meine Gastgeber enttäuscht. Sie hatten das Treffen arrangiert, um einen verbalen Religionskrieg zu erleben. Sie schilderten Susanne als religiös überspannt und fanatisch. Sie sei intolerant und verdächtige gleich jeden, der ihr widerspreche, vom Teufel besessen zu sein. Nun wollten sie mal einen Religionsprofi auf sie ansetzen. „Susanne gebraucht Religion wie eine Droge. Das ist schlimm", so ereiferten sie sich.

Ich war still. Sie gestanden mir zu, sauer zu sein über ihr hinterhältiges Arrangement. Und weil ich Aufschlag hatte, setzte ich nach: „Ihr sagt, dass Susanne Religion ohne Verstand praktiziert. Ein sehr bedenkliches Verhalten. Wie ist es aber mit euch Aufgeklärten und Vernünftigen? Eure Einwände und Argumente gegen Religion und Kirche sind oft so oberflächlich und primitiv, dass der Eindruck entsteht: Auch ihr habt den Verstand abgeschaltet".
Wir saßen eine Weile wortlos und drehten unsere Gläser in den Händen, bis einer aufstand und die Sportschau einschaltete.

Inhaltsverzeichnis